Für dich
meine Liebe

Muscheltaucher

Minnepoesie
aus dem
21. Jahrhundert

Giovanni Vandani

Bibliografische Information der Deutschen Nationalbibliothek:
Die Deutsche Nationalbibliothek verzeichnet diese Publikation in der
Deutschen Nationalbibliografie; detaillierte bibliografische Daten sind
im Internet über http://dnb.dnb.de abrufbar.

Herstellung & Verlag:
BoD - Books on Demand, Norderstedt

ISBN: 978-3-7562-2971-0

Umschlaggestaltung & Illustration: Giovanni Vandani

Du kannst nicht verbieten

Du kannst nicht verbieten
mein Fühlen und Denken
mir nicht
mein Dichten versagen
darum werde ich weiter
Gedichte dir schenken
mit all meiner Liebe
und mit meinen Fragen

Muscheltaucher

Mein Ohr
an deine Muschel
legen
um zu lauschen
ich hör
das Meer
und kann am Duft
der Muschel
mich berauschen
und möchte
mehr

Tauchen
und in der Tiefe
versinken
untergehn
im Meer
aufgehn
in dir
aus der Muschel
wie aus einer Schale
trinken
den Schatz
die Perle
finden
und mehr
im Meer
in dir

Kein Millimeter

Aus dem Schwall des Wassers
prasseln Worte auf mich ein
das sei heut wieder
einer von den Tagen
schon viel getan
und soviel noch zu tun
ich daneben
wasche mich
und höre deine Klagen

Und so beginnt mein Tag
es ist ja nicht zum ersten Mal
bevor sich noch
die leisen Wünsche ranken
ungeküsst
mit einem kalten Strahl
ich höre und versteh
da bleibt
kein Millimeter Platz
für einen zärtlichen Gedanken

Und auch mein kleiner Spatz
der eben erst erwachen wollt
vertröstet sich
auf irgendeinmal später
er sieht es ein
da ist für ihn kein Platz
und rührt sich artig
keinen Millimeter

Erntezeit

Es ist wieder
Erntezeit
schau
wie viele
Früchte warten
komm
wir gehen in den Garten
die Leiter ist
schon griffbereit

Der Herbst
zeigt sich
in aller Pracht
mit Schotenfrüchten
Gurken
Nüssen
die wir alle
ernten müssen
hei
wie da
das Auge lacht

Diese Äpfel
wie sie prangen
duftend süß
so glatt und rund
ich streck die Hände
voll Verlangen
und hebe sie
an meinen Mund

Da, die Feige
und die Pflaume
bricht schon auf
erquickt den Gaumen
will von mir
verkostet sein
gewürzt
mit süßem
Honigwein

Es ist ein Wunder
das hier steht
dem Spargel
der im Frühling treibt
ist auch der Herbst
noch nicht zu spät
für ihn ist immer
Erntezeit

Wie reich uns
die Natur beschenkt
Das Füllhorn schwillt
quillt über
schüttet aus
und wenn man es
nur richtig lenkt
dann füllt's
das ganze
Gartenhaus

Neues von deinem Dichterfürste

Es gibt Neues
von deinem
Dichterfürste

Er sagt
ihn dürste
nach deiner Nähe

Getrieben
von dem Wunsch
dass er dich sehe

und anbetracht
des Umstands
dass er hier
beinah erfrier

käme er
alsbald
zu dir

Feuer und Eis

Bin ich dir ganz nahe
wird mir siedend heiß
bist du mir zu fern
erstarre ich zu Eis

Wie lässt sich
eine Nähe finden
in der das Feuer wärmt
doch nicht verbrennt
in der das Eis
die Hitze kühlt
doch kein Erfrieren kennt

eine Liebe
die uns beide
leben lässt
in der wir
zart sind miteinander
uns gegenseitig halten
stark
doch nicht zu fest?

Spargelrisotto

Da du doch
den Spargel
so liebst
was hindert dich
meine Süße
daran
dass du
dem Spargel
die Zuwendug gibst
an der auch ich
mich freuen kann

Zum Spargelrisotto
der liebliche Wein
macht erst
vollkommen
den hohen Genuss
komm
meine Süße
schenk mehr
davon ein
und dann
nimm zum Dank
meinen feurigen
Kuss

Mein Locken vergeblich

Mein Locken vergeblich
mein Rufen nach dir
ich warte auf dich
hier am Strand
Meine Nixe ist taub
tief unten
im Meer
es spült keine Welle
sie
an mein Land

Dabei hätt ich uns
ein Nest vorbereitet
mein Vögelchen
komm doch zu mir
Doch das Nest
bleibt leer
ich warte vergeblich
nur im salzigen Wind
schwebt eine Ahnung
von dir

0815

Sie mag ja gut sein
die gute alte Norm
passend für jeden
und zu jeder Zeit
doch 0815
jedes Mal
wenn wir uns lieben
da macht sich irgendwann
die Langeweile breit

Das ist grad so
als ob beim Spiele
wir jedes Mal genau
die gleichen Züge ziehn
alles berechenbar
kein Mut zur Überraschung
nicht die geringste Spur
von keck
und kühn

Ein Küsschen nur

Ein Küsschen nur
ein zarter Hauch
und reißt mir doch
die Wunde auf
die Sehnsucht
nach dem
Meer

Dein Mund hat meinen
kaum berührt
den Kuss hab ich
fast nicht gespürt
und doch brennt auf
mein heiß
Begehr

Zu viele Tage schon
verschmachte ich
zu viele Mal
erwachte ich
dein Bett war kalt
und leer

Wann endlich wird
dein süßer Kuss
mir wieder zum
Verheißungsgruß
und dann
kommt

mehr

Wohin

Wohin sollte ich gehn
wenn nicht zu dir
es gibt ja keine andere
die ich so lieb
wie dich
drum lege ich mich still
hier vor deine Tür
könnt sein
wenn du am Morgen
aufstehst
dass du stolperst
über mich

Und ich
ich fange dich dann auf
und halte dich
in meinem Arm
und neige mich
ganz zärtlich
zu dir hin
und du
du hast mich
und du küsst mich
zart und warm
weil ich zu einem Lebensretter
dir
an diesem Tag
geworden bin

Wohin sollte ich gehn
wenn nicht zu dir
es gibt ja keine andere
die ich so lieb
wie dich
drum lege ich mich still
hier vor deine Tür
und hoff
dass du
wenn du
am Morgen aufstehst
ganz unabsichtlich
stolperst
über mich

Ich steh dazu

Ich steh dazu
ich sag es grad
und frei heraus
ich steh auf dich
es liegt an dir
du fesselst mich
und dennoch
sag ich's frei heraus
und steht dazu
ich steh auf dich
es liegt an dir

du
liegst
bei mir

ich liebe dich

Verzeih mir alles

Ich liebe dich
verzeih mir alles
was dir jemals
das Gefühl gab
dass dem
nicht
so sei

Wenn du mich auch
ein wenig liebst
dann halte doch
in deinem Herzen
ein kleines Plätzchen
für mich
frei

Ich will dich

Soll ich klare Worte sprechen
um zu sagen
was ich will
oder soll ich weiter
heiß begehren
und vor Sehnsucht
mich verzehren
unausgesprochen
heimlich
still?

Wenn man klare Worte findet
ist man meistens
besser dran
aber haben wir's
nicht ohnehin
schon klar gesagt
als man uns
danach gefragt
Ich will dich
zur Frau
und du willst mich
als Mann

Als wir das
damals sagten
meinten wir's
für alle Zeit
Sagte ich heut
also zu dir

ich
will
dich
jetzt
und hier
beruht das dann
auf
Einvernehmlichkeit?

Was
wenn ich
erotisiert
nun zwar will
doch du nicht kannst
mich
von deinem Bett
verbannst
weil dein Wille
nicht mit meinem
kongruiert?

Es wird kompliziert
wenn es darum geht
dass zwei Willen
ganz
zusammen finden sollten
auch wenn sie
das einstmals wollten
weil der Alltag
heut
dazwischen steht

Drum sage ich
vielleicht zu dir
Wenn du es willst
ich bin bereit
ich warte schon
so lange Zeit
ich will dich
jetzt
und hier

Doch wenn du
nicht willst
dann will ich weiter
warten
und mich weiterhin
verzehren
still und heimlich
dich begehren
dich
und deinen
mir zur Zeit
verschlossnen
Garten

Störung

Jetzt einfach
nur mit dir allein sein
ohne diese Nervensäge
die da ständig
an dir zupft

Und heimlich
frag ich mich
wie oft du dir
das wohl bei mir
auch schon
gedacht hast:

Jetzt einfach
nur allein sein
ohne diese Nervensäge
die da ständig
an mir zupft

Ja
manchmal
wär es wirklich schön:

einfach nur
mit dir allein sein
einfach bei dir liegen
ohne dass uns
irgendjemand
oder irgendetwas
dabei stört

Verführe mich

Du liegst
so sexy da
dein Rock
ist hochgerutscht
schon halb im Schlaf
es wär so leicht
dich zu berühren
wüßt ich's nicht besser
und wär'n da nicht die Kinder
könnte ich wohl meinen
du wolltest mich
verführen

Doch ist es
nicht die Zeit
und stehen
Umstände dagegen
die mich daran hindern
ohne Zögern
mich sogleich
zu dir zu legen

Noch anderntags
glüht dieses Bild
und brennt in mir
noch immer
Ich wälze mich
im kalten Bett
während du schläfst
im Nebenzimmer

In Gedanken
leg ich mich zu dir
und schieb den Rock
noch ein Stück höher

weil ich wohl weiß
was ich darunter finde
ich rücke nah
und immer näher

Ach
wie ich
diese Fakten hasse
die dich so viele Male
dazu zwingen
deine Nächte
ungestört
und fern von mir
im Nebenzimmer
zu verbringen

Sei sexy
und verführe mich
ich will dir gern
verfallen
komm zu mir rüber
und berühre mich
und kühle
meiner Lende
Wallen

Leg dich
an meine Seite
so wie du gestern
schlummernd
vor mir lagst
diese Einladung
würd ich verstehen
ohne dass du weiter
ein Wort dazu sagst

Lass mich
den Rest
nur machen
glaub mir
ich find den Weg
von ganz allein
nur lade mich
doch einmal
mit einer kleinen Geste
ein

Sei sexy
und verführe mich
ich will dir gern
verfallen
komm zu mir rüber
und berühre mich
und kühle
meiner Lende
Wallen

Dichterlesung

Man lud mich ein
zu einer
Dichterlesung
doch ich lese
nur für dich
drum schließ jetzt
deine Augen
und tu auf dein Herz
wenn dein Dichter
zu dir spricht

Ich lese allerdings
nur fünf Gedichte
dann löschen wir
das Licht
was wir
danach machen
darüber
schreibe ich hier
diesmal
lieber nicht

Grausame

Grausame
du ahnst es nicht
wieviel ich deinetwegen
schon gelitten
welch schwere Kämpfe ich
in langen Nächten
mit mir focht
wie oft ich mir schon tief
ins eigne Fleisch geschnitten
mit sehnsuchtsvollen Worten
die ich unsrer Liebe flocht

Grausame
du weißt es nicht
wie sehr ich mich
nach dir verzehre
welch bittre Tränen ich
an deiner Seite
schon vergoss
wie sehr ich
deine Küsse
deinen heißen Leib
begehre
und doch
wie oft mir schon
vergeblich
das Blut
in meine Lenden
schoss

Und
Grausame
du siehst wohl nicht
wie sehr ich dich
noch immer liebe
hörst nicht das Blut
das rauscht
und pulsend drängt
ahnst nicht
wie gern ich allzeit
dein
von dir Geliebter
bliebe
weil unlösbar verknüpft
mein Herz
an deinem hängt

LiriLei

Lirilei
son sum
filiban

Es ist mir recht
wenn du
das nicht verstehst
ein klein Geheimnis
zwischen uns
darf bleiben
doch will ich's
mit dir teilen
in deine Ohren flüstern
und auf deine Haut
dir schreiben

Lirilei
son sum
filiban

Der Wind
hat es mir zugetragen
ein Flüstern
in den Bäumen
es handelt
von der Liebe
und unerfüllten Träumen

Lirilei
son sum
filiban

Ich schreib's
mit meiner Zunge
auf deine weiche Haut
und leg's
auf deine Lippen
vielleicht
verstehst du dann
den Laut

Lirilei
son sum
filiban

Feste

Feste brauchen
feste Zeiten
Feste stiften
Lebenssinn
Feste
die wir
uns bereiten
führen uns
zur Liebe hin

Feste müssen
gar nicht groß sein
Feste haben auch
im Alltag Platz
eine Stund
mit dir allein
ist mir mehr wert
als mancher Schatz

(Ich freue mich
ab jedem Donnerstag
schon auf den nächsten
Mittwoch)

Glitzernde Perlen

Glitzernde Perlen
auf leuchtender Rose
dem Regen
der Sonne
verdank ich dies Bild
Es schwillt mir das Herz
und es beult sich
die Hose
weil mich dieses Bild
mit Begehren erfüllt

an glitzernder Rose
mich sattsam zu laben
die Zunge zu recken
nach köstlichem Tau
den Honig zu schlürfen
aus tropfenden Waben
O Perle
wo bist du
wo bist du
o Frau?

Verlieren und Finden

Mich verlieren
in deinen Rundungen
mich verlaufen
in deinen Hügeln
mich vergessen
in deinen Senken

und

mich wiederfinden
in dir

Vor der Wand

Ich weiß
Hinter
dieser Wand
schläfst du

Jedoch
Weißt du
was ich
hier vorne
tu?

Ich
verzehre mich
vor Sehnsucht
und bin schon
glühend rot

Wenn
ich mich weiter
so verzehre
bin ich morgen
vielleicht
tot

Wie weit Liebe geht

Würde ich mich
in die Kugel werfen
und mein Leben
für dich geben?
Man sieht es in Filmen
und kennt es aus Dramen
die Herren der Schöpfung
sie geben ihr Leben
geht es ums Herz
und ums Leben
der Damen

Auf solch heikle Frage
gibt es nicht
Ja
oder Nein
die Frage ist bar
der Realität
wo denn die Grenze
der Liebe
könnt sein
Nur im Ernstfall
wär sichtbar
wie weit
Liebe geht

Würde ich mich
duellieren
dass dein Herz
bei meinem bleibt
wie ich um dich kämpfe
siehst du ja
Ich bin ein Mann der Feder
der über seine Kämpfe schreibt
und ja
mein Herz
es blutet
und manchmal
sterb ich gar

Einsame Bucht

Da paddeln wir
die Küste entlang
nahtlos gebräunt
vor mir
dein nackter Rücken
das rote Tuch
in deinen Locken
weht im Wind
und steigert
mein Entzücken

Wie kräftig
deine Arme sind
wenn sie das Blatt
durchs Wasser ziehen
Hat Venus dir die Anmut
und Strenia dir die Kraft
verliehen?

Ich sitze gerne
hinter dir
denn immer wieder
blitzt verwegen
eine Wölbung
unter deinem Arm hervor
bei deinen Paddelschlägen

Und es ist schön
so nah bei dir zu sein
mich deinem Rhythmus
anzugleichen
mein Begehren ist schon
längst erwacht
bevor wir unser Ziel
erreichen

Du forderst mich
erhöhst den Takt
hast du nur Sport
im Sinn
oder zieht dich
so wie mich
ein heimliches Verlangen
zu dem Ziele hin?

Das Ziel
die Bucht
liegt einsam da
und wie ersehnt
kein Mensch in Sicht
das Wasser gläsern
und die Kiesel bunt
die drücken uns
heut sicher nicht

Ich bin schon nackt
und schäl dich aus dem Tuch
das deine Lenden noch bedeckt
nackt schwimmen wir
jedoch nicht lang
dann liegen wir
im Wasser hingestreckt

Wo Meer und Land
geräuschvoll
ineinander übergehen
die Kiesel leise
knirschen in den Wellen
umarmen wir uns
küssen uns
und lassen unsre Liebe
schwellen

Die Wellen
kühlen nicht die Glut
ich weiß nicht
was mich mehr erregt
du
oder das Wasser
Bewegen wir uns
oder werden wir bewegt?

Eng verschlungen
wogen unsre Körper
im gleichen Rhythmus
der uns schon
hierher begleitet

Noch heut erregt mich
dieses Wogen der Gefühle
das mir jener Tag
- er ist so fern -
bereitet

Des Menschen Freud

Die Liebe ist
des Menschen Freud
bereitet ihm
ein Himmelreich
und schafft
zugleich
unendlich
Leid

Rauschender Morgen

Die Sonne hat sich
eben erst erhoben
uns zu Füßen
kilometerlang der Strand
er gehört uns
fast allein
wir wandern
Hand in Hand

Dann suchst du Muscheln
und ich mache Fotos
Es ist Flut
Woge um Woge
rollt heran
lange Wasserzungen
lecken an dem Sand
die Sonne strahlt
die Wolken an

Ich zieh mich aus
nackt stürze ich mich
in das Rollen dieser Wellen
die Gischt massiert mich dort
wo grade meine Lüste schwellen

Wir wandern
weit und weiter
klettern auf die Felsen
turnen wie die Kinder
wir küssen uns und lachen
und freuen uns nicht minder

Ich mache von dir Fotos
Wie dein Gesicht leuchtet
und deine Augen glänzen
im goldnen Morgenlicht
Dann tauschen wir die Rollen
du machst die Bilder
und ich sitze dort
wo Welle über Welle bricht

Wir wandern ein Stück weiter
und plötzlich überkommt es uns
so wie wir sind
angezogen
und mitten im Gehen
schlingen wir uns ineinander
und lieben uns
im Stehen

So als wäre es
das Selbstverständlichste
auf dieser Welt
der Höhepunkt zum Schluss
nach diesem wunderschönen
langen Vorspiel
als Vorfrühstücksgenuss

Hat er uns gar gesehen
der Fischer
der grad um die Ecke
seine Angelrute schwingt?
Und wenn
dann wohl mit Freude
denn er lacht uns an
und singt

Regentag

So ein verregneter Sonntag
die Kinder sind heut außer Haus
das wär' so ein richtiger
Tag für uns zwei
zieh schon deinen Pullover mal aus

Ich sorg schon dafür
dass du nicht erfrierst
rück nur ein Stück näher herbei
wir reden und kuscheln
und machen den Tag
zum sonnigsten Tag für uns zwei

Ich hol noch den Wein
aus dem Keller
zum Knabbern hab ich
schon was im Sinn
du weißt
dass ich in solchen Dingen
nie fantasielos
und unbegabt bin

Ich hätte mir heut auch
ein Spiel ausgedacht:
ein jedes hat drei Wünsche frei
die schreiben wir auf kleine Karten
und losen darum
was es denn sei

Mein Plan ist besonders fies
und ich hoffe
er kommt heute dran
denn auf alle drei Karten
schreib ich nur dies:
Wir schauen uns
zehn Minuten lang
tief in die Augen
und dann…

Und ich lasse es
tatsächlich offen
und stell mir nicht vor
was *dann* passiert
es liegt auch an dir
ob dieser Tag
wirklich ein Sonnentag wird

Das Blöde ist nur:
auch du bist nicht hier
unser Haus ist heut eigentlich leer
so bleib ich mal wieder allein mit mir

Das Leben ist wirklich nicht fair

Tanzabend

Du willst doch immer
mit mir tanzen
heute Abend wäre fein
wir brauchen dazu
gar nicht auszugehn
wir tanzen
ganz für uns allein

Ich dreh die Heizung höher
und mach die Lichter aus
nur Kerzenschein erhelle
bei diesem Tanz das Haus

Ein Walzer
eine Rumba
sag mir
was ich wählen soll
und für den Rest des Abends
Blues
erotisch
und geheimnisvoll

Langsam ziehen wir uns dabei
gegenseitig aus
wir tanzen nackt
umarmen uns
und wiegen uns im Takt

Sicher tanzt Giovanni mit
und auch Röschen
tanzt wohl schon im Schritt
und lädt sie dann
Giovanni ein
will er tanzend
bei ihr sein

Und weiter
immer weiter
drehn wir uns
im Takt der Melodie
und unsre Hüften kreisen
in allerschönster Harmonie

Und sind wir dann
des Tanzens müde
lassen wir uns
auf den Teppich fallen
vollenden
was so schön begonnen
lassen die Gefühle wallen

Es gäbe so viel Schönes
miteinander Zeit zu teilen
füreinander
beieinander
ineinander
zu verweilen

So würd ich
gerne tanzen
ohne Publikum
allein mit dir
den Tanzkurs
können wir uns sparen
dieser Rhythmus liegt
im Blute mir

Dennoch

Ich denke nicht wie du
ich sehe Dinge nicht
wie du sie siehst
ich hör nicht so gut zu
und les nicht alles
was du liest

Ich seh die Welt
mit meinen Augen
seh manches
was nur ich gewahre
darum glaube bitte nicht
es wär' nur deine Sicht
das einzig Richtige
und Wahre

Vieles ist
und bleibt mir fremd
auf das dein Leben baut
und dennoch
dennoch
bleibst im Innersten
du selbst
mir so vertraut

Wir fühlen auch anders
du ahnst nicht
wie glücklich ich bin
wenn du mich
auch nur berührst
doch auch ich weiß nicht
was du
in dir drin
wenn ich in dir bin
spürst

Wir sind so verschieden
und diese Verschiedenheit
tut manchmal weh
und dennoch
dennoch
weiß ich
dass ich
unverbrüchlich
zu dir steh

Wir sind
und bleiben uns
fremd
trotz aller
selbstverständlichen Nähe
und dennoch
dennoch
glaub ich an dich
und glaube an uns
weil ich
uns beide
als Verbündete
sehe

Das einzig Entscheidende
bleibt für mich:
dennoch
- wie du auch bist -
dennoch
liebe
ich
dich

Ich bin so verliebt

Seit ich Gedichte
dir schreibe
bin ich
so verliebt
denn immer
immer
denk ich an dich
und bin glücklich
dass es dich gibt

Ich sehe dich
vor mir
kann dich
beinahe berühren
ich küsse die Luft
und freu mich
der Bilder
die dich
so nah
zu mir führen

Dann packt mich
ein Sehnen
es fließen auch Tränen
ich wünschte
du wärest
auch körperlich nah
ich möchte umarmen
was ich vor mir sehe
ich sehn mich nach Nähe
und wünschte
du wärest
jetzt da

Ich bin so verliebt
schon seit Tagen und Wochen
ich dichte
und denke an dich
im Bett
und im Auto
bei der Arbeit
beim Kochen

doch in der Nacht
auch wenn du da bist
vermisse ich
dich

Alltag und Liebe

Was ich vor Monaten
dir wollte sagen
auf vielen Seiten
unter Tränen
und mit großem Schmerz
es drang nicht vor
bis in dein Herz
du vernahmst nur
meine bitteren Klagen
nicht meine Liebe
mein Sehnen
und mein Warten
nicht meine Zweifel
an dir
nicht mein Weinen
vor deinem
verschlossenen Garten
nur meine Vorwürfe
drangen zu dir

Von Vorwürfen
bin ich
heute frei
Vergangenes
kommt nicht zurück
nur was an Liebe
noch möglich sei
darauf wend ich
meinen Blick

Ich weine
um die Liebe
die ich
verloren geglaubt

das andere
ist nur ein Teil
die Liebe ist's
die den Schlaf
mir raubt
sie such ich
in jedem Wort
in jeder Zeil'

Ich weiß
auch du
hast mir vieles
zu sagen
und auch ich
hör nicht immer
gut hin
auch ich
hör dich oftmals
nur klagen
weil auch ich
nicht vollkommen bin

Du nennst es
dann Alltag
und sprichst davon so
als hätte die Liebe
nicht Anteil daran
als sei sie irgendwas
das man irgendwo
dann auch noch
daranhängen kann
als wäre die Liebe
nur ein kleiner Rest
auf den man
vielleicht
wenn alles andere passt

und wenn die Zeit reicht
sich auch noch
einlässt

Ja
ich nenne es
Liebe
und es ist für mich
nicht nur Rest
es ist für mich Alltag
und zugleich
ein Fest
nicht verlorene Zeit
sondern Gewinn
weil ich dir dann
im Alltag
verbundener bin
es ist eine Kraft
die mich
leben
lässt
erfüllt von Liebe
wird jeder Alltag
zum Fest

Nicht dann noch
vielleicht
irgendwie
hintendran
-
bewusst
gestaltet
und schön
für uns beide
so stell ich mir vor
dass Liebe sein kann

eine Liebe
die Gutes tut
und nichts zuleide

Alltag und Liebe
gehören zusammen
wie
Alltag und Fest
Liebe ist die Kraft
die uns hält
und uns den Alltag
erst leben lässt

Litanei

Du kennst meinen Schmerz
meine Leiden
den Frust
nicht alles
doch genug
und dir ist wohl bewusst
auch du hast
deinen Anteil daran
nicht aus bösem Willen
aus Absicht und Lust
nur eben soviel
dass ich nicht alles
so einfach hinnehmen kann

Doch
auch wenn du mich
nicht darum bittest:

Dein Unvermögen
dein Unverständnis
dein Desinteresse an mir
verzeihe ich dir

Deine mangelnde Liebe
die fehlende Zuwendung
die kalte Schulter
verzeihe ich dir

Deine Überforderung
deine Müdigkeit
den Mangel an Zeit
zu verzeihen
bin ich bereit

Ich sehe dich
förmlich vor mir
und höre dich sagen:
Das sagt gerade
der Richtige!
Ich weiß:
Auch ich bin schuldig
an dir

Und ich bete
noch einmal
die Litanei
und bitte dich:
Sprich mich frei!

Mein Unvermögen
mein Unverständnis
mein Desinteresse an dir
bitte, verzeihe sie mir!

Meine mangelnde Liebe
die fehlende Anteilnahme
das Hängenlassen im Alltag
bitte, verzeihe sie mir!

Mein ständiges Fordern
und permanentes Erwarten
meine Missmutigkeit
zu verzeihen
sei, bitte, bereit

Für einen Neubeginn
braucht es uns zwei
Wenn du nur willst:
Ich bin dabei!

Lieblingsdichter

Du sagst
hör auf
mit den Gedichten
du kannst mir
kein Wort glauben

Du willst mir
meine innigsten
Gefühle
für dich
rauben?

Versetz mir lieber gleich
deinen Todesstoß
dann
vielleicht
lass ich dich los

Nein
Gott sei Dank
du sagst es nicht
ich stelle mir nur vor
wie es wohl wäre
ich glaub
es hinterließe
eine große
endlos weite
Leere

Worüber
ich nicht reden kann
darüber
muss ich schreiben
und so werd ich
wohl auch fürderhin
dein Liebesdichter
(vielleicht gar Lieblingsdichter?)
bleiben

Nehmen und genommen werden

Warum
kannst du mich
nicht nehmen
wie ich bin?

Denn
wie ich bin
möcht ich von dir
viel öfter noch
genommen werden

Warum
willst du mich
nicht nehmen?

Ich gäb mich dir
mit Freuden hin
du hättest
leichtes Spiel

Letzte Fragen

Wird dieses Brennen
in den Lenden
eines Tages
jählings enden?

Bin ich dann
erlöst von Schmerzen
oder wird
in meinem Herzen

dieses Brennen
fortbestehn
wird es immer
weitergehn

werd ich stets
darunter leiden
dass die Liebe
von uns beiden

ewig
unvollkommen ist
und dass du
nicht bei mir bist?

Der Fährmann

Stürmisch
fällt die Nacht uns an
du
im Nachen meiner Arme
diesem Sturm
und diesem Wogen
ausgesetzt

vertraust dich
meiner Führung an
dass ich mit starkem Ruder
und mit festem Stand
dich
durch dieses Wogen
an jenes Ufer leite

Stoß um Stoß
und Zug um Zug
tauche ich mein Ruder ein
es wogt
und bebt um uns
des Meeres
endlos dunkle Weite

Das Boot
schießt durch die Nacht
und landet hart
am Ufer an
dein Haar
klebt in der Stirn
von salzig schäumend
Gischt benetzt

Leuchtturm

Rollende Wogen
und peitschender Sturm
nächtliche Fahrt
auf stürmischer See
richte dein Segel
nach meinem Turm
ein sicherer Hafen
dort
wo ich steh

Die lodernde Spitze
weist dir den Weg
ein leuchtendes Feuer
in wogender Gischt
ein Fels in der Brandung
der steht untentwegt
ein Glühen von innen
das niemals erlischt

Halte dein Schiff
auf sicherem Kurs
traue dem Turm
der durchs Tosen dich weist
traue dem ewigen Wort
seines Schwurs
das dir sichere
glückliche Landung verheißt

Der kleine Schornsteinfeger

Mein kleiner wack'rer Schornsteinfeger
wacht schon sehr früh am Morgen auf
sieht müde auf den Bettvorleger
und richtet sich dann langsam auf

Das Frühstück kommt heut nach der Pflicht
erst die Arbeit, dann das Spiel
die kleine Nachbarin, die weiß noch nicht
dass er heut bei ihr kehren will

Sie schläft noch, er muss sie erst wecken
sanft klingelt er mit seinem Finger an der Tür
sie schlägt die Augen auf
ganz ohne Schrecken
und sagt: Ach du, komm doch herein zu mir!

Ich seh, die Bürste hast du schon dabei
ich zeig dir gleich meinen Kamin
und denk, ich habe deren sogar zwei
und ich wär froh
wenn beide wieder richtig ziehn

Der große wack're Schornsteinfeger
macht seinem Namen alle Ehr
er regt sich und wird immer reger
und zieht die Bürste hin und her

Zuerst fegt er das eine Loch
erst vorsichtig, dann wird er kühn
dann fegt er auch das andre noch
die Bürste fängt fast an zu glühn

Die Nachbarin will nicht nur zusehn müssen
sie fordert ihn und spornt ihn an
sie lohnt es ihm mit heißen Küssen
und facht schließlich ein Feuer an

Ja, frisch poliert ist der Kamin
er glüht, die Funken stieben
erschöpft der Feger und die Nachbarin
die sich
- man darf's jetzt sagen -
schon seit Jahren lieben

Das Frühstück ist verdient
der Tisch gedeckt
mit Joghurt, Beeren und mit Haselnüssen
und was dem Schornsteinfeger
noch viel besser schmeckt:
mit hunderttausend kleinen Küssen

Liebe und Politik

Mir scheint
du liebst nur die
die denken
grade so wie du
und da gehöre ich
wohl nicht
so ganz dazu

Sollte nicht
gerade Liebe
alle Grenzen überwinden
sich freuen
am Gemeinsamen
und im Verschiedenen
Ergänzung finden?

Mir gefällt
wie du dich engagierst
und es nicht
beim Theoretisiern belässt
es ist nicht mein Weg
doch ist's nicht das
woran ich leide
ich leide
an dem Rest

an dem
was wir gemeinsam hatten
von dem wir hofften
es würde sich
als festes Band erweisen
das keine Macht der Welt
jemals könnt zerreißen

Die Liebe ist's
an der ich
deinetwegen
leide
sie einigt
und vereinigt
oder trennt
uns
beide

Die Politik
ist eine Sache
sehr komplex
die kann man so
oder auch anders sehen
aber in der Liebe
wünsche ich mir sehr
wir könnten uns
verstehen

In deiner Hand

Ich bin dir
selig
ausgeliefert
du hast Giovanni
in der Hand
ich kann und will
nichts weiter tun
und warte nun gespannt

Es liegt an dir
ob du mich hängen lässt
mir unsagbare Qual bereitest
ob du langsam
mich
zu stillem Glück
(be)gleitest
ob du stürmisch
und behände
mich beben lässt
zum raschen Ende
oder ist's erst ein Beginn
führst du mich weiter
und wohin?

So ein kleiner Griff
bringt so viel
Wonne oder Not
bringt mir
intensivstes Leben
oder gar
den kleinen Tod

Ich bin
und bin es gern
in deiner Hand

In meiner Hand

Du bist
in meiner Hand
vertraue mir
ich werde nichts tun
was dich kränkt
lass dich fallen
du bist bei mir aufgehoben
weil Liebe
meine Hände lenkt

Ich will dir heute
Lust bereiten
ein kleines Glück
für dich allein
lass es zu
bleib ganz bei dir
und spür
in dich hinein

Ich zünde dir
ein Feuer an
auf deiner Haut
in deinem Schoß
lass es glühen
es verbrennt dich nicht
lass dich einfach los

Du bist
in meiner Hand
vertraue mir

Schiefgelaufen

Was ist denn da bloß
schiefgelaufen?

Es war doch so perfekt
ich bin sehr zeitig aufgewacht
die Sehnsucht hat mich aufgeweckt

Ich sag:
Ich gehe schwimmen
Kommst du auch?
Und du kommst
es kribbelt schon
in meinem Bauch

Der Strand liegt nah
es schläft noch alles
kein Mensch weit und breit
wir schwimmen nackt
sehr rasch bist du aus deinem Kleid

und bist im Wasser
schwimmst davon
schnell wie ein Hecht
nun gut
ein bisschen Sport als Vorspiel
auch nicht schlecht!

Ich folge dir
doch kann dich nicht erreichen
du schwimmst
doch schwimmst nicht zu mir her
mein Begehren
unter mir
wird trotz des kühlen Wassers
schwer

Die ganze Zeit
in dieser Morgenstille
fällt kein Wort
dann kehrst du um
gehst an Land
und bist fort

Ich bin versteinert
und kann nicht verstehen
Was ist denn da
jetzt bloß geschehen?

Dieser Morgen
ist total missglückt
hab ich mich denn
so unverständlich ausgedrückt?

Dir muss doch klar gewesen sein:
Ich gehe schwimmen
kommst du auch?
dass ich damit nicht Schwimmen mein

Mehr braucht es nicht für diesen Tag
ich lauf im Kreis und frag und frag
mich:

Was ist da bloß schiefgelaufen?

Atlantis

Donnernd rollt das Meer heran
schäumend bricht die Gischt
deine Spur im goldnen Sand
hat schnell die Flut verwischt

Dort vorn
wo sich die Wellen türmen
stehst du im Morgenlicht
wartest auf den Höhepunkt
kurz, bevor die Welle bricht

Wirfst dich in diese Urgewalt
durchbrichst die Mauer
die sich türmt
wie eine Heldin
die ganz waffenlos
eine feste Burg erstürmt

Nackt und schaumgekrönt wie Venus
entsteigst du dieser Flut
nur, um dich erneut hineinzustürzen
ich bewund're deinen Mut

Der erst noch locker
zwischen meinen Beinen hing
erhebt sich langsam und wird schwer
so erregt mich diese Göttin
und ihr Element
das Meer

Ich leg die Kamera zur Seite
und eile hin zu dir
der weite Strand
um diese Zeit noch menschenleer
gehört nur dir und mir

Ich springe mit dir
falle mit dir
das Meer gibt uns beide
wieder frei
es steigt die Sonne
steigt die Flut
und unsre Lust
steigt auch dabei

Wir suchen uns ein Nest
hinter den Felsen
der feuchte Sand wird unser Bett
was sprühend in der Gischt begonnen
hier wird es komplett

Das Tosen hinter uns
gibt uns den Rhythmus vor
das Meer wird uns zum Lehrer
wie es geht
wie die Spannung
die sich langsam aufbaut
plötzlich bricht und sich entlädt

Schäumend bricht die Welle
die Lust verebbt
verrinnt
bis sich eine neue Woge aufbaut
und das Spiel von vorn beginnt

Der Atlantik
dieses wilde Meer
ist wahrlich eine Wucht
ganz anders als das Mittelmeer
mit seiner still verschwiegnen Bucht

Missen möcht ich keines
weder das eine noch das andere
nur ist beides leider lange her
eine Erinnerung
die ich durchwandere

Atlantis ist versunken
(für immer?)
es ist schon lange her
Versank auch unsre Liebe
in diesem sturmgepeitschten Meer?

Atlantis lebt als Sehnsucht weiter
und das nicht von ungefähr

Ich glaub an unsre Liebe
und ihre Wiederkehr

Liebe mathematisch

Statistisch gesehen
müssten wir uns
als Deutsche
2,25 Mal die Woche lieben
Als Italiener aber wär' ich erst
mit 2,32 Mal zufrieden

Nun bin ich Italiener
allerdings zur Hälfte bloß
der Mittelwert mit 2,285
ist darum nicht mehr ganz so groß

Nach Liebe steht als Österreicherin
dir nur 2,21 Mal der Sinn
Ich rechne und ich
komme ganz exakt
für uns auf
2,2475 Mal pro Woche einen Akt

Ist es ok
wenn ich nicht auf das Ganze poche
für heut bin ich mit 0,2475 glücklich
der Rest ergibt sich dann
im Lauf der Woche

Doch wär es wohl das Beste
wir lassen jetzt das Rechnen sein
und lieben uns ganz einfach
täglich, stündlich und minütlich
die Statistik
die das Eine nur erfasst
ergibt sich dann
von ganz allein
so wie es für uns beide
passt

Vielleicht

Du hast gesagt:
Vielleicht

Vielleicht
heißt nicht
ja
doch
was viel wichtiger
noch ist:
Vielleicht
heißt auch nicht
nein

Ich heiz schon mal
den Ofen ein
und kühle
eine Flasche Wein
denn heute Nacht
da wären wir allein

Vielleicht
kommst du

noch
heute Nacht

Suche

Ich hab gehört
du willst dich suchen
ich wünsch dir
dein Bemühen sei
erfolggekrönt
und wenn du
einen Helfer brauchst:
du kannst mich buchen
ich bin das Suchen nach dir
schon gewöhnt

Ich habe dich gesucht
in vielen dunklen Stunden
jetzt geht's mir gut
ich sehe Licht
ich glaube fast
ich habe dich gefunden
und zufällig
so nebenbei
entdeckte ich
auch mich
ganz neu

Du bist gefunden
und geliebt
ich weiß nicht
ob man mehr
erwarten kann
und ob es
Größeres
noch gibt:
du
meine Frau
und ich
dein Mann

Die mein Herz so begehrt

Ja, es gibt das
ich habe darüber gelesen
Begehren und Liebe
sind keine artfremden Wesen
das Begehren gehört
zur Liebe dazu
denn Liebe sucht immer
ein zu liebendes DU

Nicht nur meine Lenden sind's
die begehren
auch mein Herz
will sich vor Liebe verzehren

Ich suche mir niemand
andern zum Lieben
denn ich hab mich nun einmal
für dich entschieden
und es tut mir bis heute
kein Augenblick leid
Und wenn auch Bitt'res dabei war
und auch manches Leid:

Du bist jeden Tag
und jede Minute mir wert
du bist und bleibst die
die mein Herz so begehrt

Sprache der Hände

Diese Hand
die sich verstohlen
unter deine Decke schiebt
deinen Rücken
zärtlich streichelt
kommt von einem
der dich liebt

Diese Finger
die sich krallen
dieser Ballen
der dir deine Schulter knetet
sie gehören zu der Hand
und die gehört dem einen
der dich liebt

Es ist dieselbe
die jetzt
deinen Rücken abwärts gleitet
deine Rundungen umschmeichelt
deine Backen fasst
und deine Schenkel
aufwärts streift
und sie kommt
stets nur vom einen
der dich liebt

Dieser Finger
der durch deine Fuge streift
die andern
die die Pforte öffnen
sie alle sind ein Teil der Hand
und die gehört dem einen
der dich liebt

Dieser Finger
der sich streckt
nach deiner Perle tastet
sie umkreist
er ist ein Bruder
von dem andern
der in deine Tiefe drängt
und sie alle sind
nur die Verlängerung der Hand
die vom Herzen kommt
und dem gehört
der dich von Herzen liebt

Doch auch die andre Hand
die mittlerweile
über meinen Bauch
nach unten streicht
sie kommt
ich spür es ganz genau
von einer
die mich liebt

Die Finger
die den Schaft umfassen
tastend
streifend
sie gehören zu der Hand
und diese kommt
ich spür es ganz genau
aus einem Herzen
das mich liebt

Die stille Sprache dieser Hände
ist eine Sprache
selbstvergess'ner Liebe
denn die Hände
wollen gar nichts andres
als dem andern
Freude zu bereiten

So schweigt denn nun der Dichter
ergriffen
vor der Kraft
dieser zärtlich leisen Sprache
von Händen
geleitet
von zwei Herzen
die sich
noch immer
lieben

Kleine Aufmerksamkeiten

Du hast mir
meinen Tag versüßt
mit deinem Honig
und mit handgeschlag'nem
Zuckerguss

als Zeichen
meiner Freude
nimm dafür
von mir
diesen kleinen
Blumengruß

Wieder am Meer

Wieder bist du
allein am Meer
oh, wie gönne ich es dir
zugleich
wie wünschte ich
ich wär
jetzt dort
bei dir

Nütze die Zeit
und finde dich
dann komm zurück
zu mir
und sei gewiss
du findest mich
wartend
hier
vor deiner Tür

Glücksmomente

Kurz
viel zu kurz
sind die Momente
sel'gen Glücks
die wir uns gegenseitig
schenken können
und es liegt nahe
dass ein Sehnen bleibt
nach Wiederholung
und nach Dauer
denn alles Glück
will Ewigkeit

Wir können sie
nicht halten
sie bleiben nicht
als Dauergut und Eigentum
wie Sternschnuppen
die kurz nur flammend
über nachtverhang'nen Himmel ziehn

Und doch
bleibt eine Ahnung
wie es sein könnte
wenn Liebe
uns bewegt

Und wehe uns
wenn wir sie nicht mehr suchen
weil wir uns überlassen
dem Grau des Alltags
und den Forderungen
die das Leben
an uns stellt

Sie sind wohl häufiger zu finden
die Glücksmomente
als wir ahnen
wenn wir sie nicht
zu groß erwarten
sie kreuzen unsern Weg
oft unvermutet
unverhofft

Und dennoch
wenn ich auf mein Leben schaue:
die schönsten sind
bei dir
zu sein

Erdbeerzeit

Weißt du noch
damals
am Beginn der Erdbeerzeit
zur Abendstund
die Früchte
so saftig
süß
und rot
ich habe sie genascht
aus deinem Honigmund
und aus jeder Nische
die dein Körper bot

Aus allen Winkeln
und aus allen Falten
um die Kurven
kamen rote Bächlein
hergebogen
ich musste meine Zunge
nur dagegen halten
hab mit meinen Lippen
alle aufgesogen

Doch was mir da
aus deinem Honigmund
entgegenquoll
das war nicht nur
der Saft der Beeren
gesüßt von deinem Honig
köstlich
und geheimnisvoll
entlockt' ich dir die Früchte
zum Verzehren

An deinen Lippen
blieb ich schließlich
hängen
ich habe sie geküsst
bis ihre Farbe
der der Beeren glich
dann ließ't du
meine Beere
fleischig rot
in deine Wärme drängen
bis auch ihr
der heiß begehrte Saft
entwich

Passt

Es passst nicht heute
und es passte gestern nicht
nicht in der vergangnen Woche
und nicht …

Ja
es passte
irgendwann

Und irgendwann
wird es mal wieder
passen

Ich passe
und ich passe auf
dass ich den Augenblick
dann nicht verpasse
wenn es endlich wieder
passt

Wer bin ich

Wer bin ich
Mensch
mir so viel Liebe
zu erwarten
da ich doch selbst
so wenig Liebe
geben kann
Wie arm und schwach
ist doch mein Lieben
Verlangen und begehren
ja
Doch lieben?
Dann und wann

Tausendfache Liebe

Jetzt stell dir einmal vor
wenn wir uns täglich liebten
welch tausendfache Liebe
hätten wir da schon gesät
mach dir ein Bild
von einem unermesslich Meer
an Blüten
wenn nur ein einzigs Blütenkind
aus jedem Samenkorn ersteht

Und all die bunten Farben
wie in einem Regenbogen
zart schimmernd
warmes Rot
und tiefes Blau
ein leuchtendes Vibrieren
und ein immerwährend Wogen
Zeugnis der Liebe
zu meiner
wundervollen Frau

Vollmondhochzeit

Lass mich sehen dein Juwel
zeig mir seinen Glanz
schmücke dich
du schöne Braut
für unsern
Hochzeitstanz

Lass schimmern
dein Geschmeide
in Lunas hellem Schein
dann schwing mit mir
Geliebte
in unsern Walzer ein

Wir wiegen uns
und drehen uns
als wie zur Hochzeitsnacht
derweil der Mond
als stiller Trauzeug
unserer Vermählung
wacht

Eifersucht

Ob ich jemals
eifersüchtig war?
Na klar!

Immer wenn ich sehe
wie du
für Menschen
die du deine Freunde nennst
kämpfst
dich engagierst
ja, leidenschaftlich brennst

deine Energie
nicht achtest
und die Zeit vergisst
um ihretwillen
denke ich mir
manchmal schon
im Stillen:

So eine Freundin
möcht ich auch gern haben
eine zum Pferdestehlen
eine Mauer meinen Klagen
eine, die
egal, was kommen mag
an meiner Seite steht
eine
die mit mir
durch dick und dünn
und wenn es sein muss
auch durchs Feuer geht

Ja
stolz können die sein
die dich
als ihre Freundin kennen
und stolz
möchte auch ich
mich gern
als deinen Freund
benennen

Doch dann
werd ich traurig
fühle mich wie Luft
So würd'st du für mich
dich nie zerreißen

Das
wie ich mich dabei fühle
kann man wohl mit Fug
auch
„eifersüchtig"
heißen

Späte Erkenntnis

Spät erkannt
dass ich als Mensch
begehrlich bin
will
wenn Liebe
dann mit Lust
ich geb mich nur
als Ganzer hin
mein Blut
pulst nicht nur
in der Brust

Könnt keine zweite
Liebe han
wenn sie nicht auch
die Lust entzünd't
drum schau ich
keine andre an
derweil ich Lust
an dir nur find

Bleib mir gewogen
Liebste mein

die du mir solche
Lust entfacht
und lass mich dein
Geliebter sein
in Lieb und Lust
noch manche Nacht

Puls der Liebe

Spürst du den Pulsschlag
wie er pocht und hämmert
es ist der Puls der Liebe
Puls der Lust
ich sehe
dass es dir
inzwischen dämmert
der gleiche Schlag
in deiner Hand
in meiner Brust

Lass es nur zu
dies Zucken
und dies Beben
ich spür doch auch
wie es
in dir schon pocht
wie schön
wenn wir einander
Anteil geben
am Puls der Liebe
die in unsern
Adern kocht

Spiegelbild

Wenn ich so allein
durchs Haus marschier
und meine Hose
wieder einmal kräftig spannt
bleib ich vor dem Spiegel stehen
und dann wandert
meine Hand

Ich seh mir manchmal
gerne selber zu
ich seh gleichsam von außen
was ich in mir spür
und manchmal
stelle ich mir vor
wie es wohl wär
wärst du
da vorn im Spiegel
und ich zugleich
in dir

Es müsste sein
als sähen wir
einen Film vor uns
und wären doch im Augenblick
als Hauptdarsteller mittendrin
wir würden uns so sehen
wie wir uns gerade fühlen
Wäre das nicht aufregend?
Macht das nicht Sinn?

Stellen wir uns einfach tot

Stellen wir uns einfach tot
und bleiben wir zu Haus
packen wir das Glück beim Schopf
und uns gegenseitig aus

Lassen wir die Arbeit
einfach einmal Arbeit sein
pfeifen wir darauf
und igeln wir uns ein

Programmieren wir das Telefon
auf „Leider falsch verbunden"
genießen wir den Tag für uns
mit seinen vielen Stunden

Bestellen wir die Pizza
beim Service um die Ecke
heute lockt uns nichts heraus
aus unserem Verstecke

Gehen wir auf Tauchstation
vom Morgen- bis zum Abendrot
heute sind wir quietschfidel
denn heute stellen wir uns tot

Abschied

Bitte fahr nicht
ohne vorher
noch einmal
mit mir
zu kuscheln
verlass mich nicht
ohne deinen Duft
an mir
zu hinterlassen

Wie soll ich sonst
diese sieben langen Tage
überleben
ohne dass du vorher
deine Finger
brennst
in meine Haut?

Ich möchte dich
noch einmal spür'n
bevor du
aus dem Haus gehst
ich will
dich küssen
als hätt ich es
noch nie zuvor
getan

ich will
dich riechen
will dich schmecken
dann erst
lasse ich dich gehen
denn ich weiß
du bleibst bei mir

auf meinen Lippen
an meinen Fingern
auf meiner Haut

Versunken

Versunken
in Gedanken
stütze ich den Kopf
auf meine Hand
unwillkürlich
immer wieder
sauge ich den Duft
von meinem Finger auf
der vor Stunden noch
versunken war
in dir

Nicht meine Gedanken
meine Nase
holt unser Zusammensein
aus der Versenkung
und so bist
du
wenn ich versunken
in Gedanken bin
wie fern auch immer
nah bei mir

Es ist erstaunlich
dass wir
von Versenkung
sprechen
wenn wir ganz
bei uns sind

Denn wenn
ich
so in Versunkenheit
ganz bei mir
und ganz ich selber bin
dann bin ich doch
durch diesen Duft zugleich
versunken
wiederum
in dir

Reisewünsche

Gute Gedanken
begleiten dich
auf deiner Reise
mit meinen Küssen
hab ich sie
heut Morgen
auf deine Haut
gehaucht
so kann ich
mit dir fahren
unaufdringlich
leise
nimm sie mit
ins Meer
ich selber bin's
der mit dir taucht

Und wenn du
wiederkommst
bring ein Stück Meer
nach Haus
etwas Salz
auf deiner Haut
und dein Haar
zerzaust vom Wind
ich will dich
wieder küssen
und dann
breit sie vor mir aus
dein Haar
und deine Haut
wenn wir erneut
glücklich
beisammen sind

Du bist mir näher, als du denkst

Ich weiß dich fern
doch geht's mir gut
denn meine Liebe
ist bei dir
es ist was andres
als die Glut
die ich
in deiner Nähe spür

Es ist ein Ahnen
und Vertrauen:
wir schaffen es
das Glück zu zwein
wir können
aufeinander bauen
und müssen
niemals einsam sein

Auch wenn du
nicht bei mir bist
du bist mir näher
als du denkst
Und doch:
ich freu mich
wenn du wieder hier bist
und mir auch
deine Wärme schenkst

Heimflug

Hab einen guten Flug
mein Engel
und komm wieder
wohlbehalten
auf die Erde nieder

Und bring
was Süßes mit
zum Naschen
und was zum Spielen
aus dem
Paradies

Hast du

Hast du
oder hast du nicht
in den Tagen
da du fort warst
manchmal
leis an mich gedacht?

Hast du
oder hast du nicht
gespürt
dass ich bei dir war
in Gedanken
manchmal
in der Nacht?

Kannst du
oder kannst du nicht
mehr erwarten
dass du heimkommst
in die Arme
des Geliebten
heim zu mir?

Kannst du
oder kannst du nicht
dir erdenken
dass ich warte
voll Verlangen
dass ich Sehnsucht
hab
nach dir?

Stilles Glück

Einfach nur Glück
so an deiner
Seite zu sitzen
ein warmes Gefühl
formt sich in Worte
wird Gedicht
ob du Ähnliches
in diesem Augenblick
empfindest
deine Gefühle
und Gedanken
rat ich leider nicht

Doch ich genieß
mein stilles Glück
betrachte dich
verstohlen
von der Seite
hoffe doch
du stehst nicht
so bald auf
und wünsche dir
dass dieses Glück
auch über dich
sich breite

Herbst

Was rührt mich mehr an
dieses Gelb, Orange und Braun
in diesen Bäumen
oder du
wenn ich dich seh?
Bei beidem
geht mein Herz auf
leuchten meine Augen
doch nur bei dir
tut mir zugleich
mein Herz auch weh

Denn ich fühle
wie der Herbst
mit langen Nebelfingern
in mein Leben greift
und das ist anders
als draußt in der Natur
denn draußen weiß ich
dass er nach dem Winter
einem neuen Frühling weicht
es ist ein ew'ger Kreislauf
und stete Wiederholung nur

Viele Herbste sah ich schon
mal feurig leuchtend
und dann wieder
grau und trüb
doch keiner war
von langer Dauer
keiner war
der länger
als nur ein paar Wochen blieb

Die Bäume sprießen
jeden Frühling wieder neu
größer noch und stärker
als im Jahr zuvor
und blühen reicher
treiben Blätter
bringen Früchte
noch und noch hervor

Doch mein Baum
er wird langsam
dürr und schwächer
und eines Tages
steht er nicht mehr auf
das Feuer
brennt nicht mehr so heiß
wie früher
ich weiß
so ist nun mal
des Lebens Lauf

Doch umso mehr
erfasst mich Trauer
um jeden Tag
an dem ich
deine Liebe misse
an dem ich
deinen Körper
nicht an meinem spüre
an dem ich dich
nicht innig küsse

An den Winter
der dem Herbst
in meinem Leben
folgen wird
vermag ich jetzt
noch nicht zu denken
doch weiß ich
dass kein Frühling
kommen wird
in dem wir uns
von neuem
junge
heiße Liebe
schenken

Drum möchte ich dich lieben
stets
als sei's das letzte Mal
so oft und lange es noch geht
denn noch ist Herbst
und noch nicht Winter
das Feuer brennt noch
und mein Baum
der steht

Ganz bei mir

Wann bin ich
ganz bei mir
ganz ich selbst
ganz lebendig
ganz im Glück
ganz im Frieden
und zugleich
eins
mit dem großen
Lebensfluss?

Wenn ich
nackt
in sturmbewegte Flut
mich stürze
allein
im ersten Morgenlicht
durch endlos weite
Landschaft streife
wenn ich
Hügel
Dünen
Felsen gar erklimme
im heißen Wüstensand
in Schattennischen niste

dann bin ich
ganz bei mir
ganz ich selbst
ganz lebendig
ganz im Glück
ganz im Frieden
und zugleich

eins
mit dem großen
Lebensfluss

Und wenn ich
gar bei dir bin
tauche
in dein Meereswogen
endlos streife
durch dein Land
deine Hügel
deine Wölbungen erklimme
mich einniste
in deine Nischen
und endlich
ganz in dir bin

bin ich ganz in mir
ganz ich selbst
ganz lebendig
ganz im Frieden
ganz im Glück
und zugleich
eins
mit dem großen
Lebensfluss

Frost

Der Winter dringt mit Frost
durch Mark und Bein
heute fällt mir nichts
zur Liebe ein
wenn selbst das Blut
aus meinen Gliedern flieht
und alles sich an mir
zusammenzieht
dann bleibt nur noch
ein Glas mit heißem Punsch
als meines Herzens
allergrößter Wunsch

Wohlig warm
wird mir mein Sinn
und mein Gemüt
während dieser Trank
durch meinen Körper glüht
ein Bild taucht auf
von deinem Feuer im Kamin
ich mal es aus
und lass es
vor mein Auge ziehn

Nicht lodernd heiß
ist dieses Feuer -
weich und warm
ich rücke ein Stück näher
nehme dich in meinen Arm
der samtig weiche Polster vorm Kamin
lädt ein
darauf zu ruhn
und nur ganz sachte

und ganz langsam
das so Vertraute jetzt zu tun

dich streicheln
kosen
und mit Küssen decken
an dir knabbern
deinen Würzwein schmecken
nur ein kleines bisschen
daran nippen
und dann aufwärts wandern
hin zu deinen Lippen
auf denen mancher Kuss erblüht
bevor's mich wieder abwärts zieht

ein wenig Glut noch
in das offne Türchen hauchen
um dann
ganz ganz langsam
einzutauchen
mein Scheit
in dieses Feuer legen
nicht drin rühren
nicht bewegen

nur fühlen
wie die Wärme
aufwärts steigt
in mein Herz
und meine Lenden
und während sich der Punsch
im Glase neigt
bin ich mir nicht mehr sicher:
War's der Trunk
oder das Bild
das mir den Frost
in Wohlgefühl tat wenden?

Sonnenkind

Giovanni ist ein Sonnenkind
an einem heißen Sommersonnentag
geboren
zu leben und zu lieben in der Sonne
auserkoren

Im Sommer steht die Sonne hoch
und ist kaum zu besiegen
und auch Giovanni steht und steht
und ist nicht klein zu kriegen

Er brennt und glüht
und strebt der Sonne und dem Meere zu
legt sich am Abend nicht
und gibt auch nächtens keine Ruh

Frühmorgens steht er schon
vor mir vom Schlafe auf
begierig auf der Sonne
und der Liebe
steilen Lauf

Doch wird er traurig
wenn der Herbst
mit seinem kühlen Wind
die Erde streift
er sinkt
und neigt den Kopf
wenn Kälte
statt der Hitze
nach ihm greift

Und jedes Mal im Herbst
befürchte ich
es wär sein Tod
sein letztes Mal

vergrabe ihn noch tiefer
und inniger
als wärs sein Grab
in deinem Tal

Die Sonne hebt
nur wenig sich
im Herbst
über den Horizont
und auch Giovanni
hebt sich nicht
wie er's
im Sommer sonst gewohnt

Im Winter fällt Giovanni
in einen tiefen Winterschlaf
nur selten taut ihn
deine Nähe
deine Wärme
daraus wach

Doch wenn im Frühling dann
die Sonne
mit neuer Kraft ersteht
und warm
der Frühlingswind
über die Lande weht
füllt auch die Lende sich
mit neuer Lebenskraft
und auch Giovanni
steht
und steht
in frischem Saft

Und du
als kühles Kind des Nordens
bist unempfänglich
für der Sonne Kraft?
Ist es
dass du im Herbst geboren
das dich so rau
und unnahbar mir macht?

Ist dir nicht auch
die Sonne lieber
liebst du nicht auch
viel mehr das Licht?
Die Schatten werden ohnehin
von selber länger
und ewig
währt das Liebesfeuer nicht

Drum lass uns
nach der Sonne streben
die uns
der Liebe näher bringt
lass uns einander
Wärme schenken
die tief in unser Leben dringt

Färbe ab auf mich

Die Zeit hat mit den Jahren
ganz schön abgefärbt auf mich
verfärbt hat sich mein Leben
des Sommers Bunt verblich

Der Herbst mit seiner Kühle
ist in mein Leben eingezogen
die sommerliche Schwüle
vergessen und verflogen

Bevor ich ganz verbleiche
und Winter in mein Leben bricht
erbarme dich und färbe
ein wenig ab auf mich

Berühre mich und bringe
warme Farben in mein Leben
die Farben deines Sommers
die mir Hoffnung geben

Die Farben deiner Liebe
bringen in mein Leben Licht
berühre mich und färbe
ein wenig ab auf mich

Winter

Der Winter
stimmt mich traurig
weil er mir
so viel Kälte bringt
selbst in der Sonne
ist mir schaurig
weil sie
nicht
bis ins Herz
mir dringt

Eingehüllt
in viele Schichten
ist nicht nur mein Leib
auch meiner Seele Hüllen
lichten sich nicht
und ich bleib

viel lieber
in meinem Haus
es zieht mich
nichts in die Welt
denn auch dort
sieht es nicht
nach Wärme aus
es ist ein Nebel
der überall fällt

Bleib du
bei mir
lass mich
nicht allein
zieh du
mich aus
Schicht um Schicht
und dann hüll mich
mit deinen Armen ein
schenk mir Wärme
sei du
mein Licht

Dann wird der Winter
vielleicht
schneller vergehn
dann ist er mir
nicht so rau
mit dir
kann ich auch
diese Zeit
überstehn
nimm mich
in deine Arme
du warme
geliebte
Frau

Die Zeit der gebratenen Äpfel

Die Zeit
der gebratenen Äpfel
ist da
duftend
nach Honig und Nüssen
Rosinen und Zimt
die Zeit
in der man sich
Jahr für Jahr
wieder mehr Zeit
füreinander nimmt

die Zeit des Sehnens
nach Wärme und Nähe
die Zeit
in der
Liebe
die Herzen beseelt
die Zeit
einander
zu wärmen und halten
die Zeit
in der man
Süßes
und Würziges wählt

Es wäre die Zeit
in deinem Kamin
ein Feuer zu entfachen
zu nächtlicher Stund
von deinen Äpfeln
zu naschen
so duftend und warm
so köstlich
in meinem Mund

An deinen Rosinen
und Beeren knabbern
aus der Schale lösen
der Mandarine
neckische Spalten
mit meinen Fingern zerteilen
und selig genießen
der Feige klebrige Falten

Es ist die Zeit
der heimlichen Wünsche
meine liegen ohnehin
offen vor dir
es ist die Zeit
der heißen
gewürzten Pünsche
und einer
täglich neu
sich öffnenden
kleinen Tür

Friedliche Zeit

Hast du es schon bemerkt
ich bin im Winter
sehr viel friedlicher
nicht so begehrlich
und auch nicht
so schnell frustriert
und auch mein Dichten
ist ein wenig niedlicher
nicht so direkt
und nicht so oktroyiert

Vielleicht liegt es daran
dass man in dieser Jahreszeit
meist unverfänglicher
von manchem spricht
von Nähe
Wärme
zarter Trausamkeit
von Sektgeschäum
und Festgericht

von Kipferln
und duftigen Lebkuchenküssen
von Türchen
voll erregender Heimlichkeit
von Keksen
und knackigen Mandeln
und Nüssen
es ist wohl im ganzen Jahr
die sinnlichste Zeit

Auf dem Turme
bläst man
süße Melodeien
allethalben
tönt's nach Flöten
und Schalmeien
man labt sich
an heißem
würzigem Punsch
man nascht
von Orangen
Datteln und Feigen
und äußert
so manchen
heimlichen Wunsch

Wohlan denn nun
mein Turm steht bereit
blas nur mein Engel
ich öffne das Türchen
und zupfe die Geige
lass uns genießen
diese sinnliche Zeit
ich nasche die Törtchen
erfreu mich der Feige

Es ist die erregende Zeit
zum Naschen
und Schlecken
an Spezereien
und am berauschenden Trank
sich zu laben
wonnig
und behaglich
vorm Kamin sich zu strecken
und sich zu beschenken
mit Liebesgaben

So lass uns
in dieser frostigen Zeit
Wärme und Wonne
aneinander finden
einander
in Winters Dunkelheit
wie Lichter am Baum
hell entzünden

Lass schäumen
und quellen
den Schwall
aus der Flöte
lass meine Kerze
funkeln und sprühen
lass leuchten
deiner Lippen Röte
lass feurig
den Ofen erglühen

So lass uns
den Frieden in diesen Tagen
mit unsren Spielen
versüßen
niemand soll es
fürderhin wagen
unsre Liebe
zu stören
und sie zu vermiesen

Wunschzettel

Schenk mir
etwas Süßes
schick es nicht
durch den Kamin
leg es einfach
in mein Bett
dass ich's gleich find
wenn ich erwach

Pack es nicht ein
dass ich's
in meine Arme
schließen
und es
herzen kann
wenn ich's erblick

Was Warmes
Weiches
Süßes
so wie
deine Lippen
mit allem
was dazu gehört

Bevor dieses Jahr

Bevor dieses Jahr
sich nähert dem Schluss
noch einmal tun
was getan werden muss:

Den Mist
unterm Teppich rauskehren
noch einmal den Eimer
voll Müll ausleeren

Wichtiger noch
ein Gedicht
für dich schreiben
dich küssen
umarmen
mich zart an dir reiben

Und was
das Allerwichtigste ist
Danke sagen
dass du
bei mir bist

Für manches andere
das nicht mehr möglich ist
in diesen letzten Stunden
bitte ich
verzeihe mir
und trag's nicht nach
gib mir
noch eine Chance
im nächsten Jahr
und hab Geduld
dass ich vielleicht
es besser mach

Verschließ mir
deine Pforte nicht
versag mir nicht
die Nähe
lass deine Liebe
weiter für mich fließen
und reservier
in deinem Herzen
für mich einen Platz

du weißt
wie gern ich
bei dir bin
So heb ich nun
das Glas
auf uns
und unsre Liebe

Ein gutes
neues Jahr
mein Schatz!

Ebbe und Flut

Ich liebe
im Rhythmus
von Ebbe und Flut
mit Stillewasserphasen
in denen die Liebe
scheint's
ruht
dann wieder stürmisch
voll Drang
und mit feuriger Glut
dieses Auf und Ab
liegt mir
sichtlich
im Blut

Ich muss wohl
im früheren Leben
ein Meeresbewohner
gewesen sein
gezeugt
im wogenden
Hin und Her
drum such ich
und such ich
und lass es nicht sein
in deiner Muschel
ständig das Meer

Ich möcht darin
tauchen und schwimmen
und aufgehn in dir
eine Sehnsucht
nach flutendem Wogen
steckt tief drinnen
in mir
du bist mein Felsen
an dir brand ich an
zieh mich wartend zurück
rolle drängend
und schäumend
von neuem heran

Ich weiß
wie heut jedes Kind
dass dieses Auf und Ab
in der Liebe
Hormone nur sind
doch zeigt mir grad dieses
nichts andres als nur:
Es steckt offensichtlich
in meiner Natur

Meeresrausch

Ich komme auch
soeben heim
gerade so wie du
und hätte Lust
zu schmusen
und zu kuscheln
doch wenn du
in die Wanne flüchtest
willst du deine Ruh
und ich träum
weiterhin allein
von Meeresrausch
und frischen Muscheln

Den Rausch
hol ich mir später
als du schläfst
beim jungen Wein
doch weiter warten
muss ich leider
auf die Muschel
leicht benebelt
von dem Räuschchen
schlaf ich ein
und träum von dir
vom Schmusen
und vom Kuscheln

In meinem Rausch
träum ich vom Meer
von salzig
schäumender Gischt
von glitschigem Fisch
und rosigem Fleisch
frischer Muscheln
ich träume von dir
die du
mir entwischt
und träume
vom Schmusen
und Kuscheln

Orgastisch

Ich weiß
das Bild ist krass
und auch ein wenig platt
(doch ist's nun einmal aufgetaucht):
mein Schreiben
ist der heftigste Orgas-
mus, den ich jemals hatt'
(und ich hab doch schon
einige herausgehaucht)

Immer wieder denke ich
das muss doch alles sein
doch nein!
da kommt noch mehr
es juckt
und zuckt
und spuckt
kurz tröpfelt es ein wenig
und fließt ganz sanft heraus
dann wieder schießt eine Fontäne
aus dem Innersten hervor
und noch eine darauf
um mich herum ist schon
ein ganzer See
doch wenn ich ehrlich bin
und dich dann seh
dann wünschte ich sogar
es hörte niemals auf

Ich möcht
noch viele Bilder finden
ich möchte schreiben über das
was doch das Schönste
hier auf Erden ist
auch wenn es
noch so unvollkommen
brüchig wie ein Glas
verletzlich
und doch letztlich
unverzichtbar ist

Ich weiß
man soll nicht nur
auf Irdisches
sich gründen
doch Ewiges
wird in der Zeit gebaut
ich glaube
ew'ges Glück
kann der nur finden
der schon auf Erden
nur der Liebe traut

Und von der Liebe
möcht ich weiter schreiben
zwischen dir
und mir
es wird wohl immer
Stückwerk bleiben
doch noch
brodelt es
in mir

Denk ich dein

Denk ich dein
dann muss ich seufzen
ob der vielen
Ach und Weh
die ich schon
ertragen musst
seit ich mit dir
durchs Leben geh

Doch seufzen auch
vor heißem Sehnen
nach der Liebe
die ich fand
in deinem Arm
in deinem Schoß
seit sich mein Herz
an deines band

Denk ich dein
dann füllt mich Freude
ob des Glücks
das wir geteilt
ob des still
empfundnen Friedens
wenn mein Herz
bei deinem weilt

Inhalt „Muscheltaucher"

Über das Buch

Giovanni, mit dem Blut des Südens in seinen Adern, erlebt im kühlen Norden die Freuden und Leiden der Liebe. In einer poetischen Sprache voll Sehnsucht und Erotik, die nie ins Vulgäre abgleitet und streckenweise an mittelalterliche Minnelieder angelehnt ist, fasst er seine Erfahrungen von Lust und Ekstase genauso in Worte und sprachliche Bilder wie enttäuschte Erwartungen, erotische Traumfantasien oder Reflexionen über eine nicht immer einfache Beziehung.

Sehnsuchtsvoll, sinnlich, erotisch, nachdenklich und hinterfragend: aus der Entwicklung einer langjährigen Beziehung gewonnene Erfahrungen – anregend in vielerlei Hinsicht.

Gedanken und Worte
die auf den Lippen zerfließen
wie der Tau
aus dem Honigmund
meiner Süßen

Über den Autor

Giovanni Vandani, Sohn eines Italieners und einer Deutschen, geboren 1964, aufgewachsen in Deutschland und Österreich, lebt mit seiner Frau, mit der er seit fast 30 Jahren verbunden ist, nunmehr ganz in Österreich.

<u>Bisher erschienen:</u>
Spiele mir auf meiner Flöte (2021)
Hast du Lust? (2021)

<u>In Vorbereitung:</u>
min minne dir (Frühling 2023)

Grafiken: Giovanni Vandani
© sämtlicher Texte und Bilder: Giovanni Vandani
www.giovannivandani.com
Instagram: www.instagram.com/giovanni_vandani

 www.giovannivandani.com